ELEMENTAIRE

© 2019, Georges Cocks

Edition : Books on Demand,
12/14 rond-Point des Champs-Elysées, 75008 Paris
Impression : BoD - Books on Demand, Norderstedt, Allemagne
ISBN : 9782322114801
Dépôt légal : Juillet 2019

Georges COCKS

ELEMENTAIRE

POESIE

©2019

Cocks Georges

TOUS DROITS RÉSERVÉS. Le contenu de ce livre est protégé par des lois et des traités internationaux. Toute reproduction ou utilisation non autorisée de ce contenu est interdite. Aucune partie de ce livre ne peut être reproduite ou transmise sous quelque forme ou par quelque moyen que ce soit, électronique ou mécanique, photocopie, enregistrement, dispositif de stockage ou d'extraction, sans la permission écrite de l'auteur ou de l'éditeur.

Les cheminées

Depuis que les cheminées fument la force
des hommes et celle de la terre,
Le monde est au crucifix permanent de ces
arbres au feuillage dansant,
étirés par dix mille épines d'oursin noir qui
sustentent la vie,
La précarité
Et la mort.

360°

Le film invisible,
Plus transparent que l'ustensile de cuisine.
Le film des humains qu'aucun ne voit.
Il suffisait simplement de s'asseoir et
regarder tomber le soleil dans la mer,
Lever la tête et regarder la voûte étoilée se
boursouffler d'œufs d'argent comme le crabe
femelle qui court sur le sable blanc ;
Le grand écran a toujours été là
Et pourtant l'écran plat est plus cher et de
loin plus petit.

Trop vite

On s'est mis à courir tout seul,
Sans concurrent,
Comme des fous,
Une course folle
Stupide,
Sans intellectualisation
Nous privant de liberté,
Nous privant du besoin et de l'envie.
Le chaos !
Voilà ce que nous cultivons depuis.
Certains l'avalent en comprimé,
D'autres à la tasse,
Et la soupe est servie pour les *am ha'arèts.*

Plaisirs

Piquer une tête, nu,
Rouler dans l'herbe comme un chien,
Cueillir à l'arbre,
S'asseoir à son ombre,
Le vent,
La pluie...
Les perles de la vie
Dévaluées
Et le fondant excite davantage comme le sexe mal maîtrisé.

La misère

Elle s'est juste habillée
C'est tout.
Pour détourner la compassion, les égards et
l'amour que l'on se doit l'un et l'autre.
Elle rend honteuse pour ne pas quémander
Ni supplier,
Elle joue le jeu des maîtres
Et de la naïveté des affables : des promesses
éphémères.

La vie

Les écoles apprennent à mourir
Mais la nature à vivre.
Les écoles apprennent l'anarchie et la compétition,
La nature apprend le respect de tout :
De soi,
De l'autre,
Et d'elle-même.
L'école de la vie est un jardin paradisiaque
Le démon aime à y flirter
Pour exploiter la force et la bonté de l'homme.

La famille

La ceinture de la chasteté ne s'attache plus aux ventres obèses de fornication et d'adultère sous la pression de la verge qui frétille à chaque minette qui passe.
Le ciment ne tient plus,
La maison s'effondre.
La société reflète ses ombres sales et crasseuses dans lesquelles se couchent de petits avortons qui se révèleront plus tard être les grands renégats de la nation.

Bonjour

Le train Bondé
Roule vers Bordeaux
La porte me Bloque
Je m'extirpe sans Bobo
Il y a des gens Beaux
Le voyage est Bon
J'entends froisser un papier de Bonbon
Sous les Bonnets
Les regards se Battent
C'est comme cela tous les jours
On joue avec le B
On court à la Banque des mots
Pour encaisser des jurons
Emprunter des paroles Blessantes
Sans jamais dire : Bonjour !

Loup et peau de mouton

Danse
Danse sans conscience
L'industrialisation du loisir pour mieux apprêter l'asservissement
Plus on torture
Plus on libère le rire pour masquer la douleur.
Joie instantanée
Sans durée
Délasse
Puis fatigue
Une balance maintenue en équilibre précaire sur la pauvreté de l'esprit.

Le bien et le mal

Les routes ne sont plus bornées
Il n'y a qu'un interminable kilomètre qui
défile sans fin avant de se jeter dans l'infini
Sans rien comprendre,
Car où est le mal ?
Où est le bien ?
Le mal est bien
Et le bien est mal
Sauf que nul n'est ignare
Chacun sait bien lequel des deux le fait
souffrir.

Volupté

Les jambes écartées en accoucheuse
enfantent le seau de mangues coloré et
odorant
Un plaisir que partagent sans combat
Les lèvres, la langue, les dents et la main
complice.
Au diable la tâche et les gouttes qui
ruissellent,
Manger comme le porc
J'adore
Laissez-moi savourer ce festin sans nom
dont les aristos se privent dans une
confusion de savoir-vivre souillé au couteau
d'argent.

Donne-moi ta main

Quand nos doigts ne sont pas de même couleur,
Ils sont si beaux quand ils se mélangent.
Le chemin est alors plus long,
Plus doux,
Plus paisible,
L'avenir prend un autre virage
Pour des rivages plus certains.

Elémentaire

L'élément simple que nous sommes est le fruit de l'alchimie dont nous avons cassé les barrières pour repousser la molécule d'atome et compliquer notre existence.
Nous sommes capables de choses compliquées qui nous détruisent et refusons la simplicité qui enrichit.
Fous alliés d'une mendicité opulente grandissante pour des idioties moteurs de notre médiocrité à simplifier.

Le bonheur

Je te donne,
Donne à un autre,
Et le dernier finira par remettre au premier.
Ainsi va le bonheur
Avec ses malles bourrées de trésors de vie
Sur les chemins cahoteux de notre existence.

La fleur

Elle bourgeonne sans se demander
Où est la pluie ?
Où est le soleil ?
La conjugaison se fera tôt ou tard,
L'art de la nature est l'essence de la vie.

Le ruisseau

Il ne se fatigue pas.
Il ne chigne pas devant les pierres.
Il bondit.
Il doit les traverser.
Son objectif est de couler.
Couler dans les plaines,
Déverser l'or des hommes,
Le limon qu'attendent les racines desséchées des maïs.
Si la pente de la vie semble être raide,
C'est pour avoir la force de charrier nos malheurs
Pour garder
Et purifier nos instants immémoriaux de bonheur.

Le chat, le chien, la souris

Le chat ne fait pas de bruit,
Le chien s'attache,
La souris fuit.
Et l'homme ?

La pluie

Elle se moque de qui s'abritera ou pas.
Elle fait le bien sans distinction,
Sans distraction.
Qui s'y prépare en profitera.

Chante

Pourquoi le ténor et le récital te font taire ?
Qui interdit à l'oiseau de gazouiller ?
Chante la joie de ton cœur,
Exulte dans l'allégresse de ton Dieu
Et que ton sang respire une odeur d'encens :
Le repos mérité de ton âme torturée.

Chaque jour

Au réveil laisse le mal à sa place,
Ne le tourmente pas.
Laisse-le dormir.
Laisse-le roupiller encore et prends de l'avance
Pour ne pas te faire rattraper.
Va et sème le bien,
La bonne humeur, le sourire
Dans les plis frais de la journée,
Avant que la chaleur montante du matin
Ne défroisse et repasse les mauvais traits et les mauvais désirs,
Car aucun mal ne peut surgir dans ce fluide de bonté.

Injustice

Quand la paille s'enflamme et que l'eau se fait rare,
Il faut couper le vent.
Cultiver la haine est un comburant débile
Un mal que savent manier les faibles.
La paix est un arrosoir intarissable qui fait pousser des plants de bonne qualité.

La raison

Nous avions les armes pour vaincre,
Nous n'y avons pas cru
Car le fer semblait plus robuste que le papier,
Et le fer a tué plus que la cellulose.
La raison n'est plus raison
Mais un mal impitoyable quand elle campe sur sa position.

Soleil

Le soleil construit tout seul ses rayons
Pour foisonner la vie.
Il les pousse comme un cri pour déchirer
l'espace et vaincre les ténèbres,
Pour illuminer tous les enfants du paradis.

Fais place

Se pousser sur le banc pour élargir la conversation et regarder nos enfants chasser les pigeons,
C'est intelligent.
C'est intelligent pour ceux qui savent que l'espace reste toujours un grand vide quand il n'y a pas d'occupant.

Maman

Un jour,
Des chrysanthèmes,
La douleur sera vive
Aurais-je des regrets d'amour ou des échardes de honte ?
Je décide alors pendant qu'il est temps
De compter tes jours et tes rides avec toi comme mes premiers jours d'autrefois.

Papa

L'homme oublié que le fils ingrat traite de tyran. Le forcené d'amour aux poignées infatigables ramène chaque soir sa carcasse éreintée,
La considération est matérielle
La souffrance mentale est énorme.
L'idole est morte
La nouvelle star se prend déjà pour une étoile.
Sans papa
les orphelines de mère seraient livrées au delta de la vie.
Merci papa.

Danse

Danse la rumba
Danse la salsa
Danse la bachata
Danse la mazurka
Danse le kompa
Danse le reggae
Danse le hip-hop
Danse la rue
Danse la valse
Danse le soukous
Danse le koléséré
Danse le quadrille
Danse le kizumba
Danse le coupé-décalé
Danse le guéréwol
Danse le monde
Car le folklore est un ciment et l'antidote de la haine,
Alors danse jusqu'à la fatigue du bien,
jusqu'au petit matin.

Amitié

Parle
Raconte
Crie
Pleure
Conte peines et joies
Le partage est égal
La rétribution aussi.
Oublie les slogans du silence qui enterrent la fraternité sur un fond de vérité absurde aux seules pensées jalouses étriquées d'intelligence.

Le corbeau et le renard

Fable ou pas fable
Méfiez-vous du renard, gens affables.
La flatterie pouponne ses moutons pour l'abattage.
Mangez,
Partagez votre fromage sans regarder ni ramages, ni plumages

Moi

Je suis un bateau qui vient
Je suis conscient de la forêt
Je suis conscient de la mer
Je suis conscient des courants
Je suis conscient du vent
Je suis conscient de la terre
Je ne serais pas un bateau si l'Alchimiste en avait décidé autrement.

Présent

Le passé t'échappe,
Le futur aussi.
Pourquoi tu te prends la tête de projets douloureux ?
De malheurs dont tu ne sais s'ils surviendront ?
De prévisions sans interférent ?
Vis l'instant présent,
Tu es maître de lui,
De toi,
De ta joie,
Et de ce que tu donnes aux autres.

Fatigue

Donne à la fatigue pour joug le mental.
Le moral
Le lever bras
Le réconfort
Le contentement de soi
Le repos
Le positif
Ne lui donne jamais dos
Ne la chasse pas
Tu dois toujours savoir où elle se trouve
Ce qu'elle manigance
Ainsi tu la dompteras.

Il est temps

Le réveil est fait,
Le jour est accouché.
Il faut sans tarder faire le lit
Avant que l'heure grave n'arrive
Et que la honte ne se prenne dans son linceul.

Race

Colorer l'impossible.
L'ombre révèle la stupidité ardue que se donnent les nourriciers à mâcher des feuilles d'imbécillité pour contenir une violence inutile qui agonise un monde qui rêve de yeux bleus.

Guerre

Si la guerre était la solution,
La pacification de la Terre serait déjà complète.
Faut-il attendre encore d'autres épithètes ?
Nouer des accords et des traités ?
Des nœuds coulants comme le huit des godasses des enfants qui traînent toujours en filaments usés comme une cape le long des chevilles filantes ;
Et la colombe finit toujours par être abattue dans le nid de l'olivier.

Simple fou

Simple fou ou amnésique de la pensée unique,
Je suis un fou conditionnel.
Le dément,
L'imposteur
Des sages qui barricadent des opinions si humanistes
Que les murs se dessèchent
Puis repoussent comme la ronce,
Encore plus haut,
Plus nombreux,
plus dangereux,
Pour que le lambeau de chair épinglé se vide pour nourrir les oiseaux.
Mais semble-t-il c'est moi le fou !

Pourquoi

Pourquoi tout le monde a si peur ?
Peur des peurs injectées
Créées pour tétaniser.
Peur sans fondement,
Peur de la destruction,
Peur de l'artifice et non l'essentiel.
Pourquoi personne n'ose
Reprendre la force :
Le pouvoir conféré
Que personne ne sait aujourd'hui
manœuvrer ?
Pourquoi a-t-on besoin du démon comme
chef si l'on n'espère plus rien ?
Serions-nous déjà tous ses disciples?

Dieu

Se mentir
Se trahir
S'entretuer
Sur l'autel des hommes
Au nom de Dieu pour un livre saint
Des lâches nous sommes
Faire porter nos horreurs et nos échecs
Dans le silence du ciel
Car Sa voix n'est pas aveugle
Comme l'athée le croit
Un jour...
Révélations de Jean...
Apocalypse...
Fin et renouveau.

Shows

Biz
Biz-biz
Course sans frein
Guidons dessoudés
Divertissements sans fins
Aux mains des âmes esseulées
Dans le palais du roi
Le Colisée du rire
Des plaisirs à loisir
Des rêves qui tuent,
Des vices qui enracinent le mal à la terre
Et l'artiste innocent,
Naïf,
Joue son rôle d'amuseur
Au prix de sa vie pour le prix de la gloire
Chaque journée morte de sa vie
Est pour les sangsues qui la vident.
Il n'a jamais été lui.
Il a cru sans méfiance,
Il s'est perdu sur le même chemin de ses pères.
Vis,
Pause et vis
La vie véritable.

La tare

La disgracieuse qui ne fait pas l'unanimité
sauf sur la balance du pauvre car quelques
grammes de graisse sont mieux qu'un ventre
vide. Elle donne la force herculéenne quand
elle s'invite dans la vie et l'opulent se
découvre une seconde nature cancéreuse.
Le malade s'accroche jusqu'à la mort et ne
méprise pas la vie comme le jogger imbu.
Le tétraplégique rit,
Monsieur « De » grogne pour quelques euros
à lâcher.
Le juron est lancé dans les yeux pétillants de
l'enfant muet pour toujours.
Quelle honte !
Mais quelle force !
Pourquoi n'y comprend-t-on rien?

Le tribunal

L'affaire des temps est jugée au pied des marches de fatigue que même les fidèles ont du mal à escalader.
La chaîne est longue,
Personne ne dort,
La lumière blanche enlève les écailles.
L'étonnement narquois du mal s'allume, surprend,
Mais la balance ne se trompe pas.
Une plume en guise de poids,
Les élus se comptent...
Prends ton poteau pendant qu'il est encore temps,
Avant que la convocation et la sentence ne soient de même charge.

Elémenterre

Le vert disparaît
Gris monotone, monochrome
Le paysage se refait
Le labour jusqu'à l'épuisement étend ses champs de poisons.
La mousson appelle la désolation en amie
Tandis que le courant zigzague dans le bleu profond.
Les falaises blanches tombent comme des dents mortes.
On a eu Mars !
A nous Jupiter !
Crient les conquérants assoiffés,
Barbares sanguinaires,
Violents Vikings...
La terre Tourne mal
Orbitée sur le violent chaos
Et personne ne le ressent.

Absence

Elle est la seule à couper le cordon du placenta
Dommage !
Oh combien dommage.
Quand l'irréparable ravage,
Quand le retour ne s'envisage plus,
Quand les yeux des visages aussi profonds que la fosse
Calculent lentement l'opération,
On n'a pas vu venir la multiplication des opérations
Car on n'a jamais voulu diviser, soustraire
Pour poser le temps,
Pour pauser le problème
Avant que la mort et l'héritage
Ne restent à jamais nos ennemis jurés,
Des tortionnaires qui se moquent de la souffrance et du charme de la vie.

Artifices

Que restera-t-il après la panne de courant ?
Des guirlandes sans joie traversant la route,
Des écrans rayés par la rage qui s'essoufflent
Et les amis réseaux sont loin, très loin.
Des familles boudent en silence dans le noir,
La souris se niche dans l'évent du caisson grave,
Alors les murs peuvent enfin dormir.
Le ciel était là.
Certains sont morts sans l'avoir su,
Sans l'avoir vu.
Comment tout cela a-t-il commencé ?
Ce monde cache ses artifices comme des écueils mortels.
On ne sait plus comment faire la grève pour rétablir le courant,
C'était le courant entre nous qui était le plus illuminant et le plus important.

CITATIONS

« Le luxe devient scandaleux quand tout le monde n'en profite pas »

« Tant que nous ne serons pas conscients du mal, il n'y aura pas conscience du bien »

« Dans la maladie il y a toujours une joie difficile à trouver »

« Il n'a jamais été aussi facile de dépouiller les gens qu'à notre époque, après les avoir enrichis de culpabilité, d'une pensée unique et d'une montagne d'espérances »

« La pluie n'est jamais loin pour faire tomber les bourgeons des fleurs »

« Il faut savoir distinguer l'incompétence de l'incapacité »

« Au lieu de la préserver, la richesse n'a serve jusque-là qu'à détruire notre planète »

« Tout est difficile, mais tout est une question de passion »

« L'esclavage a sculpté le monde de façon inéquitable »

« Plus vous allez courir après le temps, plus vous manquerez de temps car tout a été fait pour nous faire oublier l'adage : prendre le temps de vivre »

« Ceux qui vous égarent sont eux-mêmes des égarés, alors nous tomberons tous dans la même fosse »

« Il est coutume de dire que l'homme n'aime pas travailler. Le travail est dans les gènes de l'homme, mais l'Homme oppresseur abusant de son pouvoir a créé chez l'homme l'envie de ne pas travailler »

« Il ne faut pas se plaindre de la vie car c'est déshonorer le bien que Dieu a créé, mais plutôt se plaindre des hommes chose que l'on ne fait pas »

« Ne regardez-plus où l'on vous emmène mais plutôt là où l'on ne veut pas vous emmener pour comprendre où vous allez en réalité »

« Il faut arrêter de se faire berner. L'homme sait de tous temps que lorsqu'une bâtisse est trop vieille elle coûte cher, elle ne garantit plus la sécurité… Il faut la démolir puis la reconstruire. Face au capitalisme il devient tout d'un coup amnésique. »

« Nous nous sommes tellement éloignés des choses naturelles qu'on les présente aujourd'hui comme des vertus venues d'un autre monde »

« Le monde nous vend de la magie. Pour qu'elle s'opère, il faut des yeux pour la regarder. Soyons borgnes et son charme s'effondre. »

« L'arme détournée la plus dangereuse de l'histoire de l'homme est sa main »

« Aujourd'hui il y a énormément de chansons d'amour mais très peu d'actes d'amour »

« Nos interdits nous confèrent un peu de liberté »

« Le comportement que nous prêtons aux envahisseurs extraterrestres dans nos films de science-fiction est un comportement qui nous est propre, que nous répétons au quotidien, depuis des siècles à savoir : accaparer, contrôler, asservir et détruire jusqu'à ce qu'il ne reste rien. Mais notre plus grande imbécilité c'est que nous le faisons sur notre propre espèce et pour se donner bonne conscience nous avons créé des sous espèces d'hommes pour appliquer et valider la théorie que nous avons trouvée comme une parade intelligente. »

« Les seuls prisonniers de ce monde sont ceux qui ont compris que le monde est une prison »

« La création intellectuelle est comme la bosse d'un chameau. On ne peut y puiser que s'il y a des réserves, et il faut faire constamment l'appoint pour ne pas tomber en panne sèche. »

« Un homme sans spiritualité est condamné à poursuivre des vanités, à être un éternel insatisfait puis finit par maudire la vie. »

« Votre ignorance vaut de l'or pour ceux qui l'exploitent, et pour vous il n'y a aucun bénéfice sauf le message qu'ils imprègnent dans votre subconscient que vous êtes riche, beau, et que le monde vous appartient. »

« Si nous sommes capables du pire nous sommes aussi capables du meilleur. Tout est une question de sens. »

« Il est préférable d'être à court d'argent mais pas à court de temps »

« Nous cherchons de trop grandes choses pour solutionner nos grands problèmes. Tout réside dans l'amour. »

« Ce monde a fait des esclaves et des prisonniers mais un seul des deux a soif de liberté »

« La grande porte de la connaissance et de la culture est le livre, les autres formes d'arts ne sont que des fenêtres. On ne rentre jamais dans une maison par la fenêtre et ceux qui le font ont un nom. Ceux qui obligent le peuple à rentrer par cette unique voie sont des voleurs, des spoliateurs de consciences et de cultures. »

« Citoyen : voilà un mot savant pour donner de la valeur à un individu qui n'en a pas réellement car cette valeur est donnée par un autre homme comme lui-même, et non d'une entité supérieure en sagesse et intelligence sans préjugé. La citoyenneté est un mascara de liberté; le citoyen n'est pas libre. Il est prisonnier des lois que lui confère la citoyenneté. »

« C'est quand on n'apprend plus rien qu'il faut s'inquiéter. Soit on est entouré d'idiots, soit on l'est devenu. »

« La vraie rébellion est contre Dieu, toute autre forme d'opposition est de la résistance contre la privation de notre liberté. »

« Le passé a toujours bon goût car le futur est gorgé d'incertitudes »

"Seul le pauvre connaît la valeur réelle de l'argent".

« Lire est une joie, écrire une souffrance »

« L'amour c'est aussi la tristesse et la douleur d'un cœur »

« Aucun moment passé avec toi ne sera pas assez long, alors commençons par l'éternité »

« La vie nous offre tant de libertés alors que la mort nous libère de la vie »

« Le pauvre crée de la richesse, le riche crée de la pauvreté. La richesse nuit aux pauvres. Sans pauvres il n'y aurait pas de riches et le monde se porterait mieux. »

« La vie est plus courte que la vie de la mort »

« La politique ce ne sont que des mots pour flatter nos égos »

« Quand quelqu'un te renverse accidentellement un verre d'eau et que tu savais qu'il te l'offrait avec son cœur, tu ne t'attarde pas sur sa maladresse.
Quand il arrive qu'il te blesse par maladresse pense à l'amour qu'il y avait dans l'intention de son geste. »

« La pauvreté est la conséquence d'un vol. Vol de terres, de ressources, de vie, et de forces. La colonisation est l'arme du crime. »

« La haine cultive des orties, l'amour cultive et soigne les roses »

« La réputation dans la bouche est comme des feuilles dans le vent »

« Le cœur est un objet mystérieux, percer ses secrets est aussi un grand mystère »

« L'argent aime la misère »

« La guerre est un crime quelle que soit la raison que l'on recherche. Il est barbare d'ôter la vie surtout quand on est incapable de la créer. C'est une forme de criminalité imposée, acceptée et justifiée. »

« Il n'y a pas de riches sans pauvres. Il n'y a pas de forts sans faibles, alors si les pauvres et les faibles unissaient leurs forces, riches et forts seraient une éternelle absurdité. »

« Le silence et la distance ne peuvent détruire une amitié véritable ».

« Quand le bien et le mal ne se connaissent pas, le bien triomphe toujours du mal »

« Quand on se réjouit, on se refuse de penser aux choses négatives c'est un phénomène naturel lié à la joie. Mais si un instant, chacun de nous pensait à la misère de l'autre en ces jours d'excès, nos excès seraient un peu plus raisonnables. »

Bibliographie

Poésies

- *Souvenirs d'antan* (prose), Books on Demand, 2010 (OCLC 762897704)
- *Carnet de route : voyage en Afrique* (recueil de poèmes), Books on Demand, 2010 (OCLC 762567062)
- *Lettres et Aquarelles* (poésie illustrée), Books on Demand, 2010 (ISBN 9782810621576)
- *Le Ramdam des mots* (poésie), Books on Demand, 2011 (OCLC 762613156)
- (en) Lasana M. Sekou (A new anthology of 25 poets and spoken word artists from the Caribbean island of St. Martin), *Where I See The Sun – Contemporary Poetry in St. Martin* (poésie), House of Nehesi Publishers, 2013 (ISBN 0988825279)

Théâtre

- *Kala-Pani : la malédiction des flots* (comédie théâtrale dramatique), Books on Demand, 2009 (OCLC 762584612)

Romans

- ***Les Lettres d'Eloïse*** : *Tome I* (Roman), Books on Demand, 2013 (ISBN 2322033774)
- ***Rue François Arago*** (roman policier), Books on Demand, 2013 (ISBN 9782322034314)
- ***Les Lettres d'Eloïse*** : *Tome II* (roman), Books on Demand, 2013 (ISBN 9782322033157)
- ***Magnitude 8, Apocalypse*** (roman), Nèg Mawon, 2016 (ISBN 9782919141241)
- ***Joe Steanay***, Roman, 2017 (ISBN 978-1522079460)

© 2019, COCKS Georges